"共和国脊梁"科学家绘本丛书

捍卫生命的勇士

钟南山的故事

任福君　主编

庞雪晨　著　于继东　绘

北京出版集团
北京出版社

前　言

　　回首近代的中国，积贫积弱，战火不断，民生凋敝。今天的中国，繁荣昌盛，国泰民安，欣欣向荣。当我们在享受如今的太平盛世时，不应忘记那些曾为祖国奉献了毕生心血的中国科学家。他们对民族复兴的使命担当、对科技创新的执着追求，标刻了民族精神的时代高度，书写了科学精神的永恒意义。他们爱国报国、敬业奉献、无私无畏、追求真理、不怕失败，为祖国科学事业的繁荣昌盛，默默地、无私地奉献着，是当之无愧的共和国脊梁，应被我们铭记。

　　孩子是祖国的未来，更是新时代的接班人。今天，我们更应为孩子们多树立优秀榜样，中国科学家就是其中之一。向孩子们讲述中国科学家的故事，弘扬其百折不挠、勇于创新的精神，是我们打造"'共和国脊梁'科学家绘本丛书"的初衷，也是对中国科学家的致敬。

　　丛书依托于"老科学家学术成长资料采集工程"（以下简称"采集工程"）。这项规模宏大的工程启动于 2010 年，由中国科协联合中组部、教育部、科技部、工信部、财政部、原文化部、中国科学院、中国工程院等 11 个单位实施，目前已采集了 500 多位中国科学家的学术成长资料，积累了一大批实物和研究成果，被誉为"共和国科技史的活档案"。"采集工程"在社会上产生了广泛影响，但成果受众多为中学生及成人。

　　为了丰富"采集工程"成果的展现形式，并为年龄更小的孩子们提供优质的精神食粮，"采集工程"学术团队与北京出版集团共同策划了本套丛书。丛书由多位中国科学院院士、科学家家属、科学史研究者、绘本研究者等组成顾问委员会、编委会和审稿专家团队，共同为图书质量把关。丛书主要由"采集工程"学术团队的学者担任文字作者，并由新锐青年插画师绘图。2017 年 9 月启动"'共和国脊梁'科学家绘本丛书"创作工程，精心打磨，倾注了多方人员的大量心血。

　　丛书通过绘本这种生动有趣的形式，向孩子们展示中国科学家的风采。根据"采集工程"积累的大量资料，如照片、手稿、音视频、研究报告等，我们在尊重科学史实的基础上，用简单易懂的文字、精美的绘画，讲述中国科学家的探索故事。每一本都有其特色，极具原创性。

丛书出版后，获得科学家家属、科学史研究者、绘本研究者等专业人士的高度认可，得到社会各界的高度好评，并获得多个奖项。

丛书选取了不同领域的多位中国科学家。他们是中国科学家的典型代表，对中国现代科学发展贡献巨大，他们的故事应当广泛流传。

"'共和国脊梁'科学家绘本丛书"的出版对"采集工程"而言，是一次大胆而有益的尝试。如何用更好的方式讲述中国科学家故事、弘扬科学家精神，是我们一直在思考的问题。希望孩子们能从书中汲取些许养分，也希望家长、老师们能多向孩子们讲述科学家故事，传递科学家精神。

"'共和国脊梁'科学家绘本丛书"编委会

致 读 者 朋 友

亲爱的读者朋友，很高兴你能翻开这套讲述中国科学家故事的绘本丛书。这些科学家为中国科学事业的繁荣昌盛做出了巨大贡献，是我们所有人的榜样，更是我们人生的指路明灯。

讲述科学家的故事并不容易，尤其是涉及专业词汇，这会使故事读起来有一些难度。在阅读过程中，我们有以下3点建议希望能为你提供帮助：

1.为了让阅读过程更顺畅，我们对一些比较难懂的词汇进行了说明，可以按照注释序号翻至"词汇园地"查看。如果有些词汇仍然不好理解，小朋友可以向大朋友请教。

2.在正文后附有科学家小传和年谱，以帮助你更好地认识每一位科学家，了解其个人经历与科学贡献，还可以把它们当作线索，进一步查找更多相关资料。

3.每本书的封底附有两个二维码。一个二维码是绘本的音频故事，扫码即可收听有声故事；另一个二维码是中国科学家博物馆的链接。中国科学家博物馆是专门以科学家为主题的博物馆，收藏着大量中国科学家的相关资料，希望这些丰富的资料能拓宽你的视野，让你感受到中国科学家的风采。

开学第一课

"医生的开心是无法形容的，为什么开心呢？

"我们把一条命救过来了，这是我们的愿望……

"人的生命是第一宝贵的！"

2020年9月，在《开学第一课》上，

钟南山爷爷让我们对生命有了深刻的认识！

现在，让我们来听听他的成长经历吧。

故事开始于1936年的一天。

钟山南麓的南京中央医院①里，

儿科大夫钟世藩匆匆赶到妻子身旁，

向来严谨、不苟言笑的他喜上眉梢，

他的儿子出生了，依出生地之意，他给儿子取名钟南山。

南京

長沙

貴陽

廣州

钟南山在颠沛流离中度过了童年时光，
直到他随父母辗转迁居至广州，才安定下来。
不过，艰辛的环境并没有改变他顽皮的天性，
上树掏鸟窝，下河捕鱼虾……
他总会做一些让大人很头疼的事情。
一次，他拿着伙食费买零食，却撒谎说交给学校了，
父亲知道后，只是说："南山，你自己想一想，像这样的事情该怎么办。"
这一夜，他辗转反侧，意识到自己的错误，发誓再不说假话。

钟南山受父亲的影响很大。
为了医学研究，父亲买来小白鼠在家做动物实验②，
钟南山就有模有样地做起了小白鼠饲养员。
他做起事来越来越像父亲，有理有据说真话，尽心尽责做实事。
他梦想着像父亲一样，做一名为病人着想的好医生。

19岁那年，钟南山顺利考入北京医学院，迈出了学医的第一步。

除了用功学习，他还是个体育健将。

他曾代表北京医学院获得北京市高校运动会400米赛跑冠军，

并在强手如林的首届全国运动会上以54秒2的成绩打破男子400米栏的全国纪录。

汗水、泪水磨炼了他的意志，竞技精神让他从医的步子迈得更大。

毕业后，钟南山选择留校工作。

他服从分配，无论在哪个岗位上，都勤勤恳恳、认真对待。

在这期间，他光荣地加入了中国共产党。

可是，在毕业后的整整11年里，他都没能做医生。

但不管面对怎样的生活，

他那医学梦的火苗始终没有熄灭。

钟南山的医学事业在他35岁时才真正开始。

他从北京回到广州，

成为广州市第四人民医院的一名医生。

戴上白帽子，穿上白大褂，挂上听诊器，

钟南山下定决心，决不向困难低头，

一定要干出名堂来！

他虚心求教，刻苦阅读医学书籍，

对病人的治疗过程进行详细记录。

他每天像着了魔一样用功，

身体变瘦了，医学水平却越来越高。

工作一段时间后，钟南山响应号召，

加入医院的慢性支气管炎③防治小组。

最初，他们的研究条件十分艰苦，

面对无经验、无专家、无设备的"三无"局面，

倔强的钟南山暗暗地攥紧了拳头。

他们采用中西医结合的治疗方法，

从痰样分析入手，对呼吸系统疾病展开攻关。

没有设备，钟南山就自己动手改装；

没有实验动物，钟南山和同事们就自掏腰包补齐费用，买了一头猪；

场地不够，大家就挤在一间办公室里采集数据、做实验。

13

经过大家的共同奋斗，

一篇篇高水平的论文发表在学术期刊上。

他们建立起广东省第一个纤维支气管镜检查室，

还把防治支气管炎的有效药物和疗法送到了大庆油田。

世界卫生组织在听取钟南山的汇报后，给出了好评。

1979年，以防治小组为基础的广州呼吸疾病研究所成立。

也是在这一年，钟南山获得了赴英国爱丁堡大学④进修的机会。

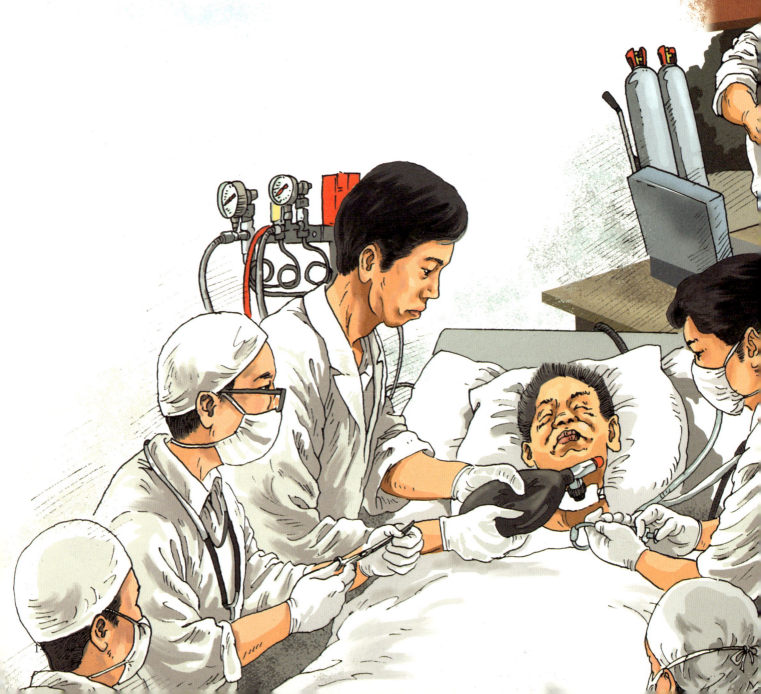

起初，傲慢的英国同行根本瞧不起这个中国医生。

钟南山看在眼里，记在心上，他暗暗发誓，要为中国人争口气。

为了观察一氧化碳对血液的影响，钟南山做了一次惊心动魄的实验。

实验中，他需要不断吸入一氧化碳，同时持续抽血检验，

当血液中的一氧化碳浓度达到15%时，

周围的人惊叫起来："太危险了，快停止！"

虽然感到眩晕，钟南山却坚决地说："请继续！"

实验成功了，英国同行被深深地震撼，

也改变了对中国医生的看法。

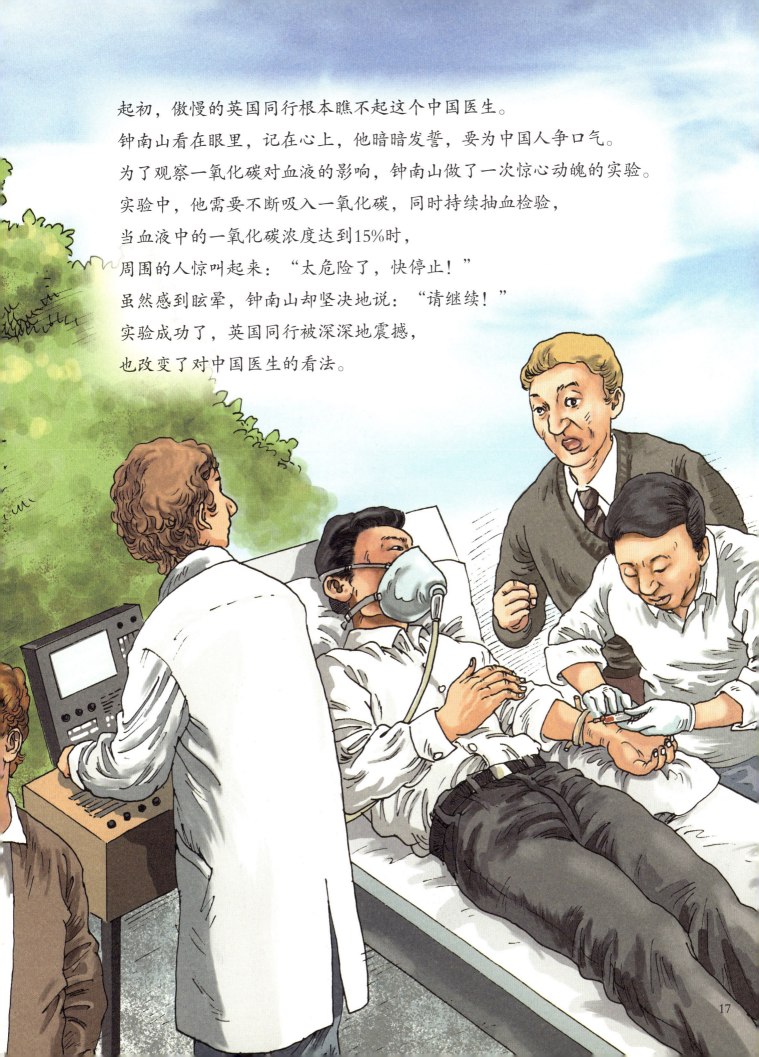

当钟南山以优异的成绩完成留学任务后，

爱丁堡大学和他的导师都希望他能留下来，

但他毅然挥手作别："是祖国送我来的，祖国正需要我，我的事业在中国！"

回国后，他运用所学在肺心病研究方面取得了重大突破：

弄清了低浓度氨对呼吸功能的影响；

阐明了慢性支气管炎的发病机制和防治方法；

研制出病人用得起的简易支气管激发试验仪；

用数据证明了一直不被医学界承认的隐匿型哮喘⑤的存在。

时光荏苒，来到了2003年。

这一年，一种被称为传染性非典型肺炎⑥的怪病在国内蔓延。

病人持续高热、干咳，透视呈"白肺"，常规治疗手段均不见效。

有的病人在短时间内因呼吸衰竭或多脏器衰竭而亡，

而且在救治过程中，医务人员很容易被感染。

之后的几个月里，当地的病人越来越多。

一时间，人心惶惶，"夺命肺炎"的说法传遍全国。

此时，年逾六旬的钟南山主动请缨：

"把危重病人往我们医院送！"

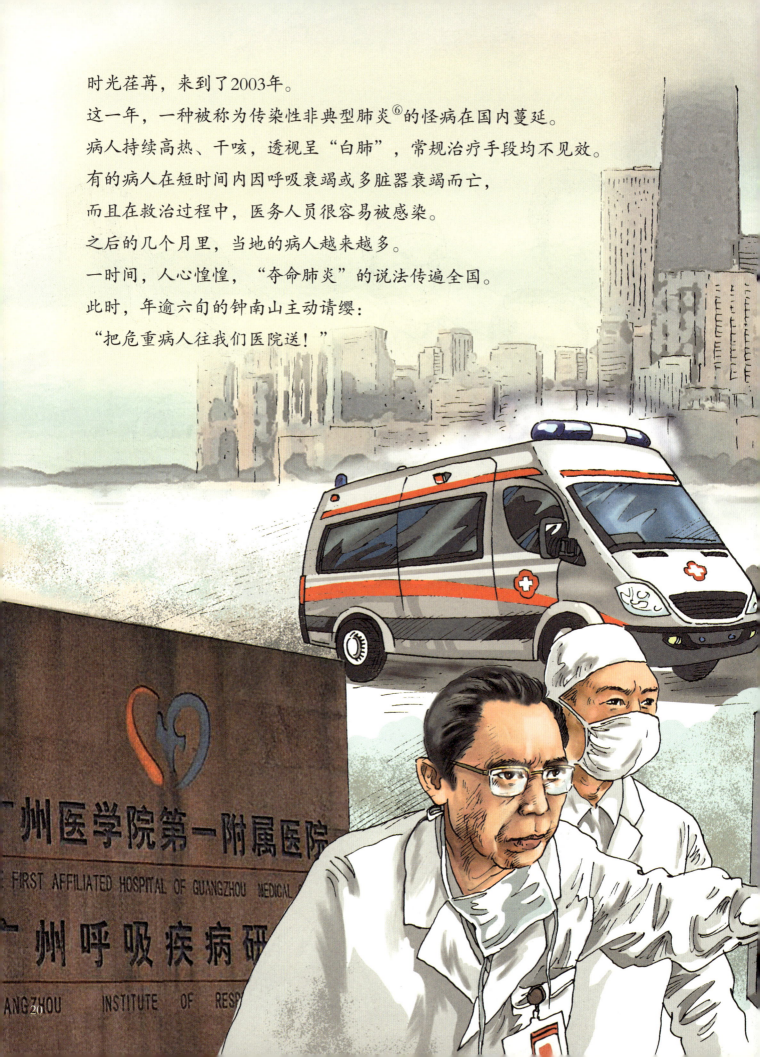

21

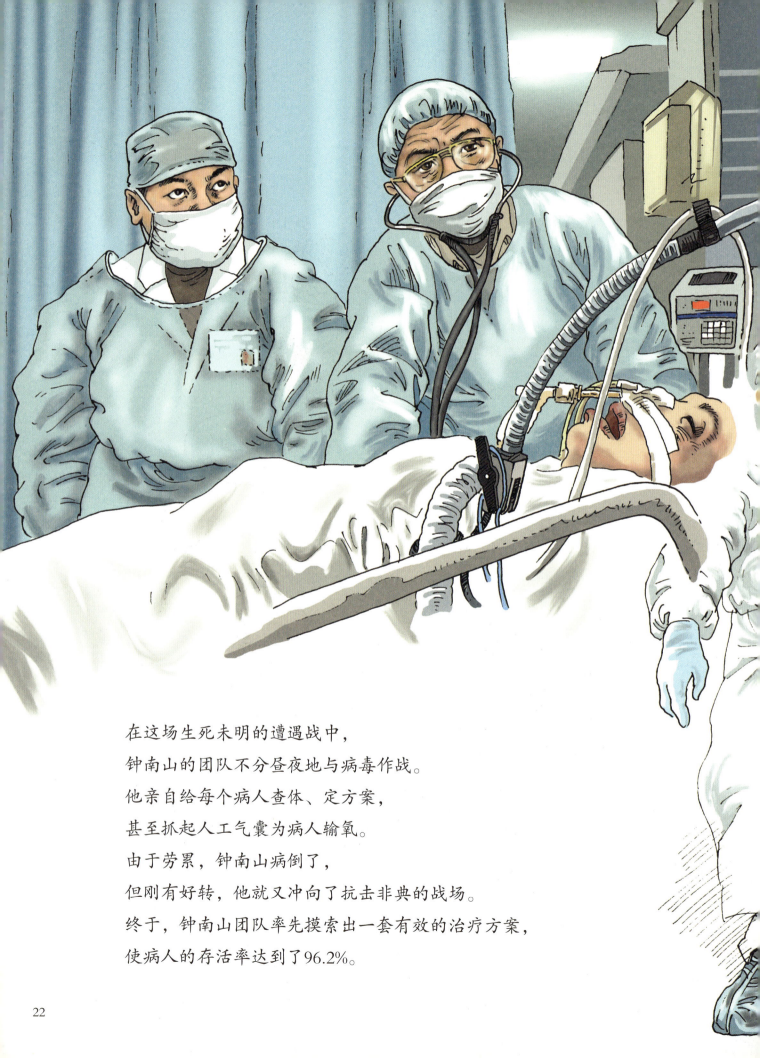

在这场生死未明的遭遇战中，
钟南山的团队不分昼夜地与病毒作战。
他亲自给每个病人查体、定方案，
甚至抓起人工气囊为病人输氧。
由于劳累，钟南山病倒了，
但刚有好转，他就又冲向了抗击非典的战场。
终于，钟南山团队率先摸索出一套有效的治疗方案，
使病人的存活率达到了96.2%。

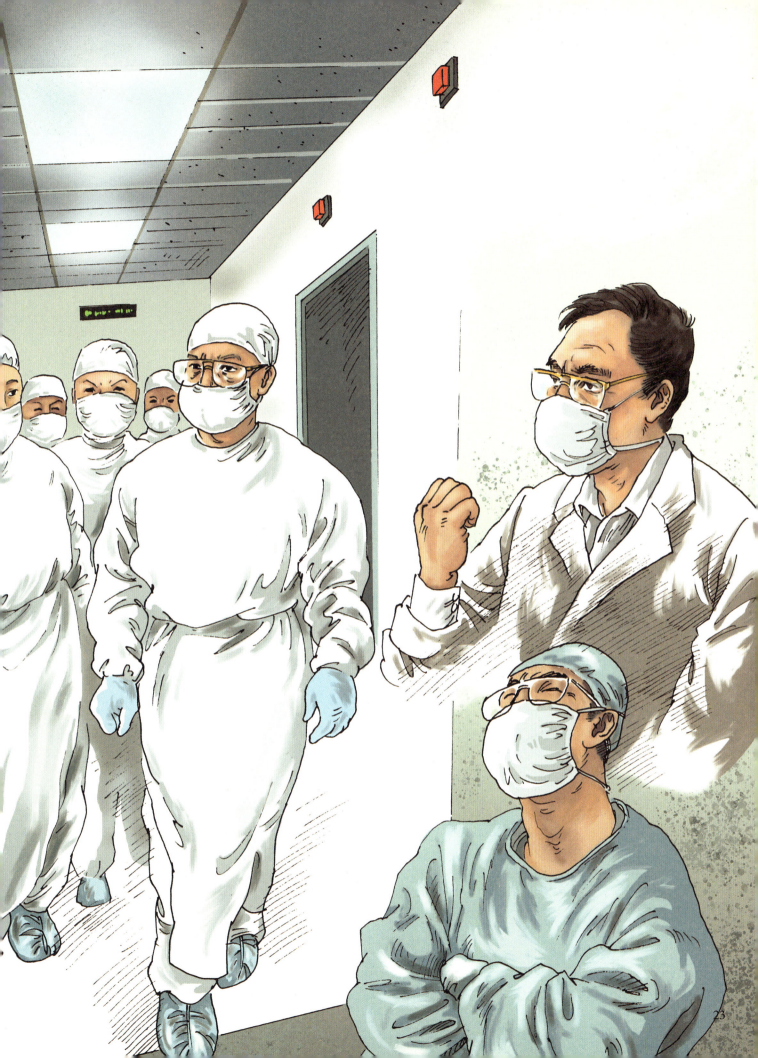

SARS

在这期间，钟南山始终牢记初心：

"做医生，要拿事实说话，不要随大流。"

当有人认为非典的元凶是衣原体⑦时，

钟南山勇于发声："非典的元凶不是衣原体，而是病毒！"

面对人类共同的敌人，他与各国专家通力合作，

最终确认了病原体是冠状病毒⑧的一个变种。

世界卫生组织认为，中国的防控经验"独一无二""很了不起"！

非典过后，钟南山依旧奔波在一线：
支气管哮喘、慢性阻塞性肺疾病、人感染高致病性禽流感……
钟南山在攻克医学难题的道路上勇往直前。

2019年，年关将至，
一种传染性更强的新型冠状病毒肺炎疫情在武汉暴发。
转年1月，已经84岁的钟南山临危受命，再次出征。

在去往武汉的高铁上，钟南山闭目凝神，思索应对之法。

到达武汉后，他马不停蹄地开始调研，提出一系列关键性问题：

究竟还有没有更多病例？有没有医护人员感染？……

他和专家们通宵研究，做出研判：

一是新冠肺炎肯定人传人；

二是要重视，早发现，早隔离。

面对正在关闭的防控窗口期⑨，

他向国务院，向新闻媒体，向全社会，报告了最真实的情况。

此时，人们匆忙的脚步停了下来，

一座座城市沉寂无声，亿万国人与病毒斗争，

一队队白衣战士奔赴疫区，与死神争分夺秒……

病毒形影无踪，疫情地图上的数字不断攀升，
钟南山奔波在重症病区、专家会议、实验室……
他与全国专家一起研究临床病例和救治方案，
为危重患者会诊，提醒医护人员做好防护。
他频频出现在媒体上，给予大家对抗疫情的力量。

一个多月高强度的工作，
对于一个老人来说，是在用生命战斗！
他变得容易伤感，
看到患者，看到病倒的同行，看到武汉的决心，
他几次热泪盈眶、声音哽咽。

在"应收尽收应治尽治"的防控举措下，
在全国人民众志成城的努力下，
76天后，武汉"解封"。
全国各地逐渐恢复了正常的生产生活。
钟南山激动地说：
"我们的努力换来了让中国至少减少感染70万人，这就是我们的国家、我们的政府采取了正确防疫举措的结果。"

33

为了捍卫生命，钟南山一直奋战在第一线；

因为捍卫生命，钟南山获得了无数荣誉。

他既有战士的勇猛，又有国士的担当。

他说，医生看的不是病，而是病人。

他说，医学人文精神的核心是想方设法治好病、防好病。

他说，为了人民的身体健康和安全，我们可以不惜一切代价。

说到自己，他却说："我不过是一个看病的大夫。"

他如今仍旧把医院视为战场，继续向前。

钟南山小传

1936年10月20日，钟南山出生于江苏南京一个医学世家。他的父亲钟世藩是中国著名的儿科专家，母亲廖月琴则是广东省肿瘤医院的创始人之一。家庭的影响激发了钟南山对医学的兴趣，并令他树立了长大当一名好医生的志向。自小活泼好动的他，一进父亲的书房和实验室立刻就沉静下来，在这里，他学习了一些最基础的医学常识，也具备了作为医生需要的观察力、爱心、耐心和责任心。父母追求科学的执着精神、独立坚毅的性格、善良正直的品格深深影响着他，他曾坦言自己继承了父亲的衣钵，"如果不能解决病人的问题，会一直追到底"。父亲的正直更是给钟南山留下了深刻的印象。中华人民共和国成立之初，时任广州中央医院院长的钟世藩把医院的全部资产都移交给了国家。贯穿钟南山人生的爱国和认真，与他父母循循善诱、潜移默化的教导密不可分。

1955年，钟南山考入北京医学院医疗系。他一边刻苦学习，一边坚持体育锻炼，不断提升身体素质。1959年全运会期间，钟南山以54秒2的成绩打破400米栏全国纪录。

1960年，钟南山毕业后留校任教，但没过几年他遭遇社会动荡，上山下乡，直到35岁才正式开始医生生涯。1971年，他被调往广州市第四人民医院，从最基本的治疗干起。没有临床经验的他，因为分不清咳血和呕血，差点被劝退。这"血"的教训让他明白，如果没有扎实的理论知识与丰富的临床实践经验，是做不了一名好医生的。于是他开始像海绵吸水一样学习，认真研究每一个病例，半年内做了四大本笔记，自己也有了长足的进步。

在钟南山的前半生中，最大的挑战是在赴英国爱丁堡大学和伦敦大学圣·巴费勒姆医学院进修的那段时光。满怀热情、充满抱负的他刚到爱丁堡大学就被浇了一盆冷水，因为中国医生的资历在西方是不被承认的。但钟南山用他对知识迫切的追求改变了一切：勤学英语、学习演讲、磨炼医术，甚至为了一项研究拿自己的身体做实验……他以自己的勤奋和才干，彻底改变了外国同行对中国医生的看法，赢得了他们的尊重和信任。当完成学习后，他拒绝了英国同行的邀请，义无反顾地回到了祖国。

1979年，广州呼吸疾病研究所成立。钟南山和同事们艰苦创业、开拓奋进，在这个研究基地上，他在隐匿型哮喘、呼吸衰竭与呼吸肌疲劳、慢阻肺与肺心病患者营养等方面取得了突出成果。鉴于他在相关领域的高超水平和重大贡献，1996年，钟南山当选为中国工程院院士。

2003年，非典疫情肆虐，已年过六旬的钟南山主动请缨收治危重患者，全力以赴地精心制定医疗方案。在他领导下，广州呼研所承担了广东省大部分危重非典患者的救治任务，创下了全国死亡率最低、治愈率最高的佳绩，为全国、全世界防治非典提供了宝贵的技术支持。2020年，新冠肺炎疫情暴发，84岁高龄的钟南山再次出征，奋战在新冠肺炎疫情战场的最前线。

钟南山是一名医生，更是抗击非典和新冠肺炎疫情的英雄，是抗疫战场上不倒的红旗。《人民日报》称赞他："有战士的勇猛，更有国士的担当。"

钟南山年谱

1
1936—1946 年
（1~10 岁）

出生于南京。
后随父母迁居
长沙、贵阳、
广州。

3
1955 年
（19 岁）

考入北京医学
院医疗系。

5
1960 年
（24 岁）

毕业留校，任
放射医学教研
组助教。

7
1971—1978 年
（35~42 岁）

调任广州市第四
人民医院内科，
参加该院慢性支
气管炎防治小组，
防治小组研究成
果获得全国科学
大会一等奖。

9
1981 年
（45 岁）

任广州呼吸疾病
研究所所长。

11
1992 年
（56 岁）

任广州医学院党委书
记、院长，世界卫生组
织全球慢性呼吸疾病联
盟执行委员会常委。

2
1949—1955 年
（13~19 岁）

先后就读于岭南
大学附属中学、
华南师范学院附
属中学。

4
1959 年
（23 岁）

在首届全运会中，
打破 400 米栏全
国纪录。

6
1966 年
（30 岁）

加入中国共产党。

8
1979—1981 年
（43~45 岁）

赴英国爱丁堡大学
附属皇家医院、伦
敦大学附属圣·巴
弗勒姆医学院进
修，取得6项重要成
果，完成7篇高水平
论文。

10
1983—1986 年
（47~50 岁）

先后任广州医学
院副教授、教授，
成为国际胸科学
会会员。

广州医学院第一附属医院
THE FIRST AFFILIATED HOSPITAL OF GUANGZHOU MEDICAL

广州呼吸疾病研
GUANGZHOU INSTITUTE OF RESP

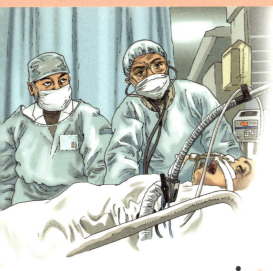

12

1993 年
（57 岁）

任博士研究生导师；当选第八届全国政协委员。

13

1994 年
（58 岁）

作为中国唯一科学家代表，参与组织制定世界卫生组织《全球哮喘防治战略》。

14

1996—1998 年
（60~62 岁）

当选中国工程院院士，后任医药卫生工程学部副主任。

15

1999 年
（63 岁）

任广州医学院广州呼吸疾病研究所教授、副所长。

16

2003 年
（67 岁）

带领医护人员抗击非典。获"何梁何利基金科学与技术进步奖"；任世界卫生组织全球慢性呼吸疾病联盟医学顾问。

17

2004—2006 年
（68~70 岁）

先后获"白求恩奖章""中国医师奖""中国呼吸医师奖""吴杨奖"；当选中华医学会第二十三届会长；成为爱尔兰皇家医学会会员。

18

2007 年
（71 岁）

担任呼吸疾病国家重点实验室主任。

19

2011 年
（75 岁）

成为英国爱丁堡皇家医学会会员。

20

2013 年
（77 岁）

任广州呼吸疾病研究所所长。任广东省H7N9防控专家组组长，在国际学界发表重要研究成果。

21

2016 年
（80 岁）

荣膺第十一届光华工程科技奖成就奖（中国工程界最高奖）。

22

2018 年
（82 岁）

获党中央、国务院授予"改革先锋"称号。

23

2020 年
（84 岁）

作为国家卫健委高级别专家组组长，奋战在新型冠状病毒肺炎疫情战场的最前线。获"共和国勋章"，入选 2020年"全国教书育人楷模"名单。

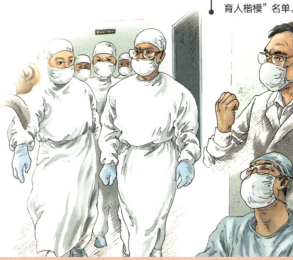

词汇园地

①**南京中央医院**：1933年建成，是民国时期规模最大、设备最完善的国立医院之一。

②**动物实验**：在实验室内，为获得有关生物学、医学等方面的新知识或解决具体问题而使用动物进行前期科学研究的一种方法。常用实验动物有小鼠、大鼠、豚鼠、羊、猪等。

③**慢性支气管炎**：气管、支气管黏膜及其周围组织的慢性非特异性炎症，临床上表现为咳嗽、咳痰或伴有气喘等反复发作的症状。

④**爱丁堡大学**：创建于1583年，是英国最古老、最著名的高等学府之一，其医学院增设于18世纪，素有"医学博士的摇篮"的声誉。

⑤**隐匿型哮喘**：指临床表现不明显，但从发病机制和病因各方面分析，仍属哮喘的一类疾病。

⑥**传染性非典型肺炎**：亦称"严重急性呼吸系统综合征"，简称SARS。由新冠状病毒引起的一种重型急性呼吸系统疾病。常伴有呼吸窘迫和肺部影像学阴影等症状，一般抗菌药物无明显效果，患者常有与同样患者接触，或到过疫区，或曾传染给别人的流行病学史。

⑦**衣原体**：是一群在光学显微镜下可观察到的细胞内微生物，比细菌小，比病毒大，生物进化地位介于细菌和病毒之间。仅有少数衣原体对人致病，如沙眼、肺炎和性传播性疾病。

⑧**冠状病毒**：是一个大型病毒家族，在自然界中广泛存在，因其在电子显微镜下形似王冠而得名，主要引起呼吸系统疾病，也可导致消化系统和神经系统疾病。目前已知感染人的冠状病毒有7种，其中非典型肺炎病毒、中东呼吸综合征病毒和新型冠状病毒可引发严重的人类疾病。

⑨**防控窗口期**：突发公共卫生事件蔓延前，有个黄金防控时间段，此时应加强国际社会团结合作，分享病毒和疫情最新研究进展，通过对已感染病例的早发现、早隔离、早治疗，追踪并隔离密切接触人员，减少感染人数，控制疫情传播。

参考资料

1. 钟南山. 钟南山赴英进修日记摘抄 [N]. 羊城晚报，1982-01-18(1)，1982-01-19(1)，1982-01-20(1).

2. 钟南山. 从医之路 [M] // 王海燕主编. 医家金鉴. 内科学卷 上. 北京：军事医学科学出版社，2007.

3. 钟南山. 钟南山院士集 [M]. 北京：人民军医出版社，2014.

4. 叶依. 你好，钟南山 [M]. 广州：广东教育出版社，2020.

5. 魏东海. 还是钟南山 [M]. 北京：经济日报出版社，2020.

6. 熊育群. 钟南山：苍生在上 [M]. 广州：花城出版社，2020.

图书在版编目（CIP）数据

捍卫生命的勇士 : 钟南山的故事 / 任福君主编 ;
庞雪晨著 ; 于继东绘. — 北京 : 北京出版社，2023.3
（"共和国脊梁"科学家绘本丛书）
ISBN 978-7-200-17230-0

Ⅰ. ①捍… Ⅱ. ①任… ②庞… ③于… Ⅲ. ①钟南山
—传记—少儿读物 Ⅳ. ①K826.2-49

中国版本图书馆CIP数据核字(2022)第142151号

选题策划　李清霞　袁　海
项目负责　刘　迁
责任编辑　李文珂
装帧设计　耿　雯
责任印制　刘文豪
封面设计　黄明科
宣传营销　常歆玮　郑　龙　安天训
　　　　　王　岩　王　尊　李　萌

"共和国脊梁"科学家绘本丛书
捍卫生命的勇士
钟南山的故事
HANWEI SHENGMING DE YONGSHI

任福君　主编
庞雪晨　著　于继东　绘

出　　　版：北京出版集团
　　　　　　北 京 出 版 社
地　　　址：北京北三环中路6号
邮　　　编：100120
网　　　址：www.bph.com.cn
总 发 行：北京出版集团
经　　　销：新华书店
印　　　刷：北京博海升彩色印刷有限公司
版 印 次：2023年3月第1版　2023年5月第2次印刷
成品尺寸：215毫米×280毫米
印　　　张：2.75
字　　　数：30千字
书　　　号：ISBN 978-7-200-17230-0
定　　　价：25.00元